1953 – Ein ganz außergewöhnliches Jahr!

1953 ist ein besonderes Jahr: Neben Kim Basinger, Marianne Hartl oder Pierce Brosnan erblicken 1953 auch zahlreiche weitere Prominente das Licht der Welt.

Deshalb stellt sich die Frage,

wer ist die beliebteste und bedeutendste Person die 1953 geboren wurde?

A	*Isabelle Huppert*
B	*Kim Basinger*
C	

Auflösung auf der nächsten Seite

Die beliebteste und bedeutendste Person die 1953 geboren wurde ist:

Inhalt

Das Jahr 1953 im Überblick

Lesen Sie hier die wichtigsten Ereignisse des Jahres 1953 und ergänzen Sie die fehlenden Wörter. *(Lösung auf Seite 63)*

Hunderttausende gehen am 17. Juni 1953 in der DDR auf die ______, doch der Arbeiteraufstand gegen das kommunistische Regime wird mit Hilfe ________ Truppen niedergeschlagen.

Die Bundesdeutschen beginnen sich im _________ des Wirtschaftswunderlandes gemütlich einzurichten. „Immer _____ und immer _______" so der Slogan einer Volkswagenreklame. Wirtschaftsminister Ludwig _______ verspricht den ________ für alle.

O.W. _______ und Maria _____ lassen die Kinogänger von der großen Liebe träumen, Tagesschau und Peter ________ flimmern in den ersten Fernsehhaushalten über den Bildschirm.

Bundeskanzler Konrad ________ triumphiert bei den Bundestagswahlen und wird vom US-amerikanischen „Time" zum „_______ des Jahres" gekürt.

Wichtigster weltpolitischer Einschnitt des Jahres ist der Tod des sowjetischen Diktators Josef W. ______.

Kennen Sie Ihren Charakter?

Wer im Jahr 1953 das Licht der Welt erblickte, ist im chinesischen Sternzeichen der Schlange geboren. Kennen Sie die Charaktereigenschaften einer Schlange-Geborenen?

1. Die im Zeichen der Schlange geborene Frau ist ...

- **A** ... ziellos und unorganisiert
- **B** ... feinfühlig und umsichtig
- **C** ... streitsüchtig und nachtragend

2. Die "Schlange-Frau" verfügt über ...

- **A** ... eine ausgeprägte Beobachtungsgabe
- **B** ... einen grünen Daumen
- **C** ... ein gutes Gedächtnis

3. Das chinesische Sternzeichen Schlange steht für ...

- **A** Mutlosigkeit
- **B** Langeweile
- **C** Weisheit

Auflösung im Horoskop auf der nächsten Seite

Ihr Charakter im chinesischen Horoskop:

Geprägt von sehr viel Charisma ist die Schlange-Frau besonders **feinfühlig, umsichtig (1: B)** und verfügt über eine sehr gute Menschenkenntnis. Sie ist sehr zielorientiert und ehrgeizig und verfolgt ihre Ziele durchaus hartnäckig.

Sie schafft gerne Ordnung und haltet diese auch. Schlange-Geborene zählen zu den friedvollsten Menschen im chinesischen Tierkreis. Sind ihnen doch Streit und Auseinandersetzungen zuwider. In der Regel ist die Schlange ausgesprochen zuvorkommend, freundlich und zurückhaltend und besitzt eine **ausgeprägte Beobachtungsgabe. (2: A)**

Ihr großes Einfühlungsvermögen und ihre intuitiven Handlungsweisen üben auf ihre Mitmenschen oftmals eine geheimnisvolle Anziehungskraft aus. Die Schlange-Geborene begegnet anders Denkenden meist mit sehr viel Toleranz, hält jedoch selbstbewusst an ihren eigenen Zielen fest.

Sie ist oft mit einem großen Wissensdrang ausgestattet und liebt es, den Dingen auf den Grund zu gehen. Bezüglich der Partnerwahl weiß sie sehr genau, was sie will und ihre Ansprüche sind sehr hoch. Soll es eine dauerhafte Beziehung werden, setzt die Schlange-Geborene alles daran, zunächst genau hinter die assade zu blicken.

Für die Schlange-Geborene wird Romantik und Leidenschaft in einem ausgewogenen Verhältnis stehen. Dafür lässt sie sich so einiges einfallen, denn in der Liebe wird sie kaum Routine und Langeweile einkehren lassen.

Das chinesische Tierkreiszeichen Schlange steht symbolisch für die Weisheit. (3: C)

Das Modejahr 1953

Lesen Sie die Modetrends des Jahres 1953 und ergänzen Sie die Lücken mit den richtigen Worten:

Schwingende Weiten und schmale _______ beleben den diesjährigen Modefrühling der Damenwelt. Bei den _______ der Frühjahrssaison konzentrieren sich die internationalen Modeschöpfer auf die neue Linie mit der verlängerten, _______ Taille, die sich in diesem Sommer bei der modebewussten Damenwelt durchsetzt. Alle Rockformen setzen in _____-Höhe an, die Schultern fallen natürlich, und für die ______ werden raffinierte Lösungen gefunden.

Die kleinen eingearbeiteten Korsetts sind verschwunden. Dafür verlangt die gestreckte Silhouette des Oberkörpers mit dem tief ansetzenden ______ einen neuen Miederunterbau, der keine scharfe Teilung, sondern ein weiches Ineinandergehen von Taille und _____ ermöglicht. Die neuen Mieder sind daher durchgehend und reichen bis zum Oberschenkelansatz. Schwingend geht es auch in den Modeherbst. Weite Hänger umhllen zeltartig den _____-körper. *(Lösung Seite 63)*

Prominente Geburtstage 1953

Im Jahr 1953 erblickten zahlreiche Prominente das Licht der Welt. Erraten Sie die richtigen Antworten?

1. Wie heißt die Fernsehserie in welcher der am 7. 11. 1953 geborene Schauspieler Ottfried Fischer einen Kommissar spielte?

- **A** Der Hund von Baskerville
- **B** Der Bulle von Tölz
- **C** Der Schaf im Wolfspelz

2. Wie heißt der James-Bond-Film in dem die am 8.12.1953 geborene Schauspielerin Kim Basinger mitspielte?

- **A** Lizenz zum Töten
- **B** Sag niemals nie
- **C** Casino Royal

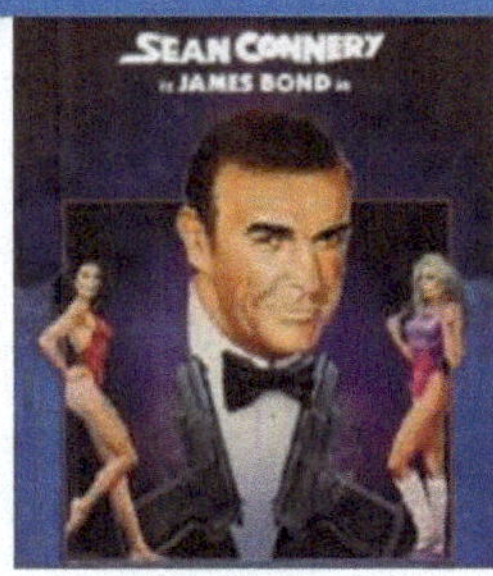

3. Richard Clayderman, ein bekannter franz. Musiker wurde am 28.12.1953 geboren. Was für ein Musiker ist er?

- **A** Pianist
- **B** Gitarrist
- **C** Geiger

Lösung nächste Seite

Lösung Prominente Geburtstage

1. Wie heißt die Fernsehserie in welcher der am 7. 11. 1953 geborene Schauspieler Ottfried Fischer einen Kommissar spielte?

B: Der Bulle von Tölz war eine von Sat.1 in Auftrag gegebene deutsche Krimiserie mit 69 Folgen. Die Hauptrolle, den Hauptkommissar Benno Berghammer, spielte **Ottfried Fischer.** Nach dem Tod der Schauspielerin Ruth Drexel (Resi Berghammer) im Februar 2009 wurde die Produktion weiterer Folgen eingestellt.

2. Wie heißt der James-Bond-Film in dem die am 8.12.1953 geborene Schauspielerin Kim Basinger mitspielte?

B: Nach einigen kleineren TV-Rollen ergatterte Kim Basinger 1983 die weibliche Hauptrolle im Agentenabenteuer **„Sag niemals nie"** - und wurde über Nacht zum Weltstar. Das „Feuerball"-Remake, das nicht zur offiziellen Bond-Reihe zählt, war Sean Connerys letzter Auftritt in der Rolle des James Bond.

3. Richard Clayderman, ein bekannter franz. Musiker wurde am 28.12.1953 geboren. Was für ein Musiker ist er?

A: Richard Clayderman ist ein französischer **Pianist.** Bekannt wurde er im deutschen Sprachraum, nachdem das von ihm gespielte Stück **„Ballade pour Adeline"** am 24. November 1978 im ZDF als Filmmusik in der Krimiserie „Der Alte" ausgestrahlt worden war. Den Link bzw. QR-Code zu diesem Filmusikklassiker auf Youtube gibt es hier:

https://bit.ly/musik-der-alte

Ereignisse aus meinem Geburtsjahr

Welche Ereignisse aus dem Jahr 1953 sind hier abgebildet?
(Lösung auf der nächsten Seite)

Auflösung: Ereignisse aus meinem Geburtsjahr

A: Der gewählte US-Präsident **Dwight D. Eisenhower** tritt sein Amt als 34. Präsident der USA an. Bild: Bei der Parade zum Amtsantritt Eisenhowers fängt ein Cowboy den mächtigsten Mann der Welt scherzhaft mit einem Lasso ein.

B: Am *2. Juni 1953* wird die britische ***Königin Elisabeth II.*** gekrönt. In der Londoner Westminster Abbey überreicht der Erzbischof von Canterbury der 27-Jährigen in einer prunkvollen Zeremonie die Herrschaftsinsignien, Reichsapfel und Zepter und setzt ihr die St. Edwards-Krone des britischen Königreichs aufs Haupt.

C: Am 29. Mai 1953 bezwingen **Edmund Hillary** und **Tenzing Norgay** als erste Menschen den Mount Everest, den höchsten Berg der Erde.

D: **Audrey Hephurn** wird von den US-amerikanischen Filmkritikern zur besten Darstellerin und zugleich zur „Entdeckung des Jahres" gewählt.

E: Der britische Premierminister ***Winston Churchill*** wird von ***Königin Elisabeth II.*** geadelt und erhält den Titel „Sir."

F: ***Ruth Leuwerik*** und ***O.W. Fischer*** werden im Hamburger Passage-Theater mit dem ***„Bambi"*** ausgezeichnet. Die Leser der „Film-Revue" hatten sie zu den beliebtesten Schauspielern des bundesdeutschen Films gewählt.

Demokratie im Jahr 1953

In Ihrem Geburtsjahr gab es Veränderungen und Bestätigungen. Kennen Sie die richtigen Antworten?

1. Im Juni 1953 wurde ein neues Wahlgesetz für die BRD beschlossen. Welche "Hürde" wurde für die Parteien dabei festgeschrieben?

- **A** Die fünf-Prozent Hürde
- **B** Die 555 Abgeordneten-Hürde
- **C** Die 30-Minuten Redezeit-Hürde

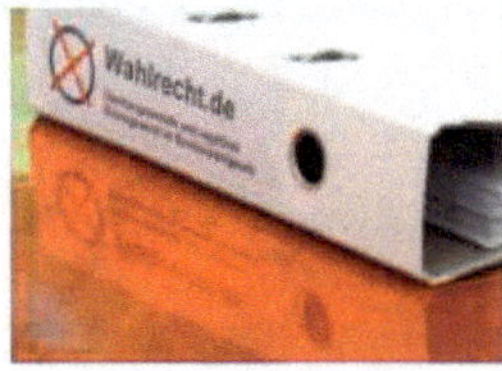

2. Wer gewann bei der Wahl zum zweiten Deutschen Bundestag, am 6.9.1953, die absolute Mehrheit?

- **A** CDU/CSU
- **B** SPD
- **C** KPD mit linkem Bündnis

3. Wer wurde nach der Bundestagswahl 1953 zum zweiten Mal zum Bundeskanzler gewählt?

- **A** Ludwig Erhard
- **B** Kurt Georg Kiesinger
- **C** Konrad Adenauer

Lösung auf der nächsten Seite

Auflösung - Demokratie 1953

1. Im Juni 1953 wurde ein neues Wahlgesetz für die BRD beschlossen. Welche "Hürde" wurde für die Parteien dabei festgeschrieben?

A: In Deutschland ist die Einführung der **Fünf-Prozent Hürde** 1953 eine Reaktion auf die negativen Erfahrungen aus der Weimarer Republik. Ohne die sog. Sperrklausel würden im Bundestag und in den Landesparlamenten sehr viele kleine Parteien Sitze erhalten, sodass dies die Parlamente zu stark zersplittern würde.

2. Wer gewann bei der Wahl zum zweiten Deutschen Bundestag, am 6.9.1953, die absolute Mehrheit?

A: CDU/CSU. Aufgrund der neu eingeführten Fünf-Prozent Hürde gehören nur noch sieben Parteien dem 2. Deutschen Bundestag an: Stärkste Fraktion wird die CDU/CSU mit 45,2 Prozent der Stimmen. Die SPD erreicht 28,8 Prozent, die FDP 9,5 Prozent. Die DP erreicht 3,3 Prozent. Die Vertriebenenpartei BHE erhält 5,9 Prozent und zieht neu in den Bundestag ein.

3. Wer wurde nach der Bundestagswahl 1953 zum zweiten Mal zum Bundeskanzler gewählt?

C: Konrad Adenauer geht gestärkt aus der Wahl hervor und wird am 9. Oktober 1953 zum zweiten Mal zum Bundeskanzler gewählt. Eine rund 10-minütige Youtube-Doku über den 1. Kanzler der BRD gibt es unter folgendem Link bzw. QR-Code:

https://bit.ly/erster-kanzler

Allerlei aus 1953

Im Jahr 1953 gab es allerlei Neues. Erraten Sie die Antworten?

1. 1953 kam eine Idee aus den USA nach Deutschland. Wie nennt man Schüler, die ihre Mitschüler sicher über die Straße führen sollen?

- **A** Schülerpolizei
- **B** Schülerlotsen
- **C** Schülerhilfe

2. Welches Männer-Magazin erschien in den USA erstmals im Jahr 1953?

- **A** Autorevue
- **B** Playboy
- **C** BRAVO

3. Ein 1953 in Paris uraufgeführtes Theaterstück von Samuel Beckett hieß:

- **A** Beten für Maria
- **B** Warten auf Godot
- **C** Staunen mit Joel

Auflösung auf nächster Seite

Auflösung Allerlei aus 1953

1. 1953 kam eine Idee aus den USA nach Deutschland. Wie nennt man Schüler, die ihre Mitschüler sicher über die Straße führen sollen?

B: Schülerlotsen sind Schüler ab dem 11. Lebensjahr, die ihre jüngeren Mitschüler auf dem Schulweg vor den Gefahren des Straßenverkehrs schützen wollen. In Deutschland wurde der Schülerlotsendienst 1953 bundesweit eingeführt und hat sich seitdem als zuverlässiges und erfolgreiches Element der Verkehrssicherheitsarbeit bewährt. Bis heute gab es an den von Schülerlotsen gesicherten Übergängen keinen Unfall mit tödlichem Ausgang.

2. Welches Männer-Magazin erschien in den USA erstmals im Jahr 1953?

B: Am 1. Dezember 1953 erscheint in den USA die erste Nummer des **„Playboy"**. Für einen halben Dollar bietet die Zeitschrift „Unterhaltung für Männer", wie der Untertitel verspricht. **Marilyn Monroe,** 27-jährige Schauspielerin und neues Sexsymbol der Männerwelt, ziert das Titelblatt der ersten Ausgabe.

3. Ein 1953 in Paris uraufgeführtes Theaterstück von Samuel Beckett hieß:

B: Wird wahrscheinlich wieder nichts! Samuel Beckett war alles andere als überzeugt von den Erfolgaussichten seines neu geschriebenen Theaterstücks **„Warten auf Godot"**. Am 5. Januar 1953 hatte das Stück dann Premiere und die Welt eine neue Theatersensation.

Vornamen Buchstabensalat 1953

Unten sehen Sie freie Felder der beliebtesten Mädchen-Vornamen im Jahr 1953 in der Reihenfolge von Platz eins bis zehn. Ordnen Sie die verdrehten Buchstaben so, dass daraus jeweils ein Mädchen-Vorname wird.

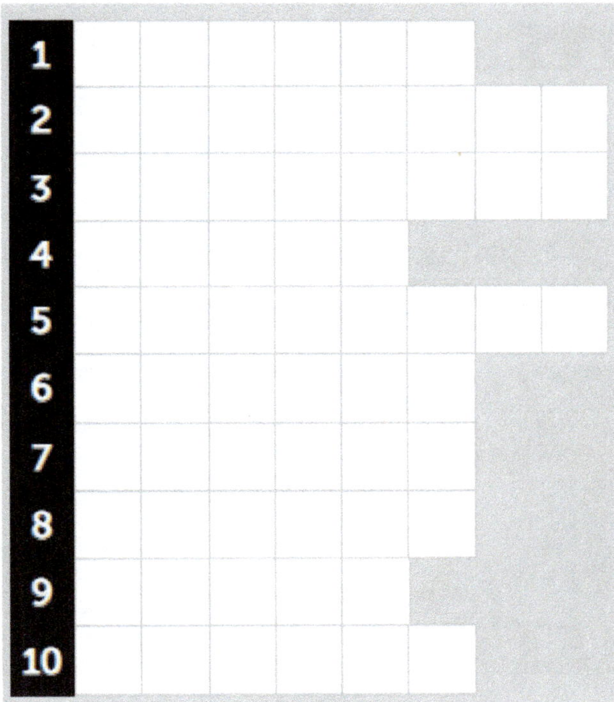

1: kamion / 2: ibgirett / 3: glkaeian / 4: kinra / 5: ireelagb / 6: rtneae / 7: tbiirg / 8: sualru / 9: aetrp / 10: mnriao

Lösung auf Seite 63

1953 im Kino - Erkennen Sie die Filme?

In Ihrem Geburtsjahr kamen einige Filmklassiker in die Kinos. Vor allem Marilyn Monroe spielte in einigen Filmen die Hauptrolle. Erkennen Sie die Filme anhand der Bilder? *(Auflösung auf Seite 63)*

Wortsuche zum Geburtsjahr

Das Jahr 1953 war ein bewegendes Jahr. Finden Sie die folgenden acht Stichwörter zu Ihrem Geburtsjahr im Quadrat unten (Leserichtung von oben nach unten und von links nach rechts). *Auflösung auf Seite 64*

Eisenhower
Hillary
Schlange
Hephurn
Elisabeth
Churchill
Stalin
Fischer

H	Y	D	F	F	D	A	L	V	S	W	W	D	W	X	W	V	Y	F	G
J	F	T	I	Z	P	H	I	L	L	A	R	Y	O	J	P	Q	A	A	Y
S	X	N	O	F	E	L	I	S	A	B	E	T	H	O	N	W	O	O	L
O	M	R	T	O	N	B	A	F	P	D	E	S	D	I	H	Z	L	X	Q
K	A	C	X	V	R	E	G	C	H	U	R	C	H	I	L	L	H	O	A
O	V	F	R	Y	M	O	V	J	V	I	Q	I	X	M	I	Z	C	E	P
U	P	C	C	H	X	F	C	U	P	X	A	F	H	H	T	O	S	D	K
N	H	L	L	A	Z	B	F	N	E	F	R	J	K	S	E	P	I	K	S
G	Z	Q	Y	U	A	Z	V	Y	S	C	H	L	A	N	G	E	S	J	T
S	E	L	V	R	E	I	S	E	N	H	O	W	E	R	K	F	K	Z	A
V	H	Q	H	T	Z	Q	N	U	M	O	E	L	B	A	U	T	U	G	L
W	Y	F	N	E	B	Q	B	R	K	P	W	O	F	G	E	D	M	F	I
O	E	T	D	Z	Q	A	X	V	H	P	J	C	R	X	K	D	W	I	N
L	V	F	E	W	B	H	X	D	Q	T	I	I	I	P	Z	X	Y	S	V
T	P	T	H	E	P	H	U	R	N	K	Z	M	G	I	C	M	D	C	Y
P	V	T	J	G	V	J	U	D	A	M	W	Q	T	Z	N	E	I	H	D
Q	W	B	E	G	T	P	H	H	V	D	D	X	K	A	P	T	P	E	G
E	Y	R	A	B	A	A	N	G	G	H	T	E	H	F	A	J	O	R	R
R	Z	U	K	H	P	P	H	G	R	D	Z	R	F	C	F	T	A	G	L
I	V	B	W	V	J	G	R	V	V	R	P	K	S	Z	J	S	Q	F	P

Ausweg gesucht

Sie sehen rechts zwei identische Labyrinthe. Drehen Sie das Buch um 90 Grad. Das obere Labyrinth ist ohne Hilfspfeile und somit etwas schwerer zu lösen, das untere beeinhaltet Hilfspfeile für den richtigen Weg aus dem Labyrinth und ist daher etwas leichter.

Nehmen Sie einen Stift und zeichnen Sie den richtigen Weg vom Start links unten zum Ausgang rechts unten. Wenn Sie den richtigen Weg mit einem durchgängigen Strich eingezeichnet haben, ergibt sich daraus auch ein Wort und eine vierstellige Zahlenfolge. Wie lauten diese? *(Lösung auf Seite 64)*

Das Jahr 1963
mein 10. Geburtstag

Erfahren Sie hier etwas über die wichtigsten Ereignisse des Jahres 1963 und ergänzen Sie die leeren Zeilen mit den richtigen Worten:

Als am 22. November 1963 die Nachricht von der ________ des US-Präsidenten John F. ________ um die Welt geht, sind viele Menschen in Ost und West erschüttert. Sie sehen die begonnene weltweite __________, die eng mit Kennedy und dem sowjetischen Partei- und Regierungschef Nikita S. _________ verbunden war, wieder gefährdet. In der BRD ist Kennedys Besuch in _______ im Juni des Jahres ein großer Erfolg. Seine Rede mit dem Satz: „Ich bin ein ______" ist bis heute bekannt. Nach langem Zögern entscheidet sich Bundeskanzler Konrad ________ zu seinem Rücktritt. Die Wirtschaft der BRD im Jahr 1963 ist gekennzeichnet durch ein anhaltendes ___________. Für die Arbeitnehmer bedeutet das Arbeitszeit-___________ und Lohn-__________ . Sportliche Höhepunkte sind der Gewinn des Weltmeistertitels im __________ durch das deutsche Paar Marika Kilius und Hans-Jürgen ________. Für die Fußballfreunde ist die Einführung der _________ im August ein Ereignis. Weltweites Interesse erlangen _________, die bei einem Überfall umgerechnet 30 Millionen DM erbeuten.

Auflösung auf Seite 65

Kinostars 1963

In Ihrem 10. Geburtsjahr kommen einige Filmklassiker in die Kinos. Erkennen Sie die Schauspielerinnen und vielleicht sogar den Film?

Auflösung Seite 65

Mode im Jahr 1963

Lesen Sie den Text zu den Modetrends des Jahres 1963 und ergänzen Sie die Lücken mit den passenden Worten:

Den _____ Frühjahrs- und Sommerkollektionen 1963 ist anzumerken, wie unsicher die Haute _______ geworden ist. Kein _______ hat den Mut, eine Wandlung herbeizuführen. Bequemlichkeit hat über ausgefallene Schöpfungen gesiegt. _______ Modelle sind in allen Kollektionen zu finden. Die von den beiden Konkurrenten Yves ____ _____ und Marc _____ (Dior) schon im Vorjahr gezeigten Kleider im Pullover-Stil sind nach wie vor angesagt. Da diese ______ sehr streng wirken, sind viele ________ zu sehen: Lässig umgeknotete weiße Organdy-Schals, angesteckte weiße Kamelien sowie weiße Maiglöckchensträuße. Die neuen Farben der Saison sind _____, Babyrosa, Himbeer und Mandelgrün. Zu einem Modehit avancieren im Sommer Kleider und Blusen aus Stoffen des synthetischen Materials _____. Die angepriesenen Eigenschaften sind leicht, luft-_______, schnell zu _______, rasch zu trocknen und _______ . *(Auflösung auf Seite 65)*

1963 als Kreuzworträtsel

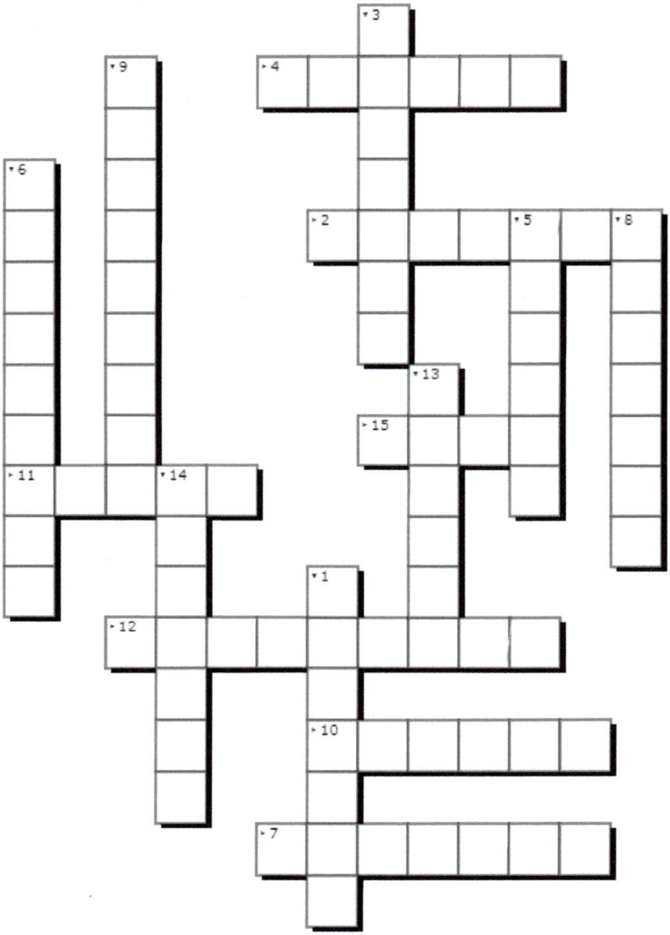

1. Nachname griechischer Reeder; 2. Britische Popgruppe; 3. Nachname 35. US-Präsident; 4. Nachname männlicher deutscher Schlagerstar; 5. Nachname deutscher Komiker; 6. Kino-Horrorklassiker; 7. Weswegen wurde Sofia Loren angeklagt?; 8. Anzahl der Stunden beim Twist-Tanzweltrekord; 9. Bisher längster und teuerster Kinofilm; 10. Name einer Ex-Kaiserin; 11. Nachname des Autors von „Die Hundejahre"; 12. Unabhängige Stiftung, die Produkte testet; 13. Beliebtester weiblicher Vorname; 14. Nachname eines US-Stars, dessen Sohn entführt wurde; 15. Chin. Tierkreiszeichen. *(Lösung auf Seite 65)*

Das Jahr 1963 in Bildern

Können Sie sich erinnern, welche Ereignisse aus dem Jahr 1963 hier abgebildet sind? *(Lösung auf der nächsten Seite)*

A

B

C

D

E

Das Jahr 1963 in Bildern - Auflösung

A: Der am 22. November ermordete US-Präsident *John Fitzgerald Kennedy* wird auf dem Heldenfriedhof Arlington bei Washington zu Grabe getragen. Das Bild zeigt Jacqueline Kennedy, die Witwe des Präsidenten, mit ihren Kindern Caroline und John auf dem Weg zur St. Matthews-Kathedrale, wo die Totenmesse für John F. Kennedy zelebriert wird. Jusitizminister Robert F. Kennedy folgt ihnen.

B: Das Bild zeigt **Marika Kilius** und **Hans-Jürgen Bäumler.** Die beiden gewinnen bei den Eiskunstlaufweltmeisterschaften den Titel.

C: Der britische Monumentalfilm **„Lawrence von Arabien"** wird mit sieben Oscars ausgezeichnet. Im Bild Peter O'Toole und Omar Sharif.

D: **Freddy Quinn** hält mit seinem Lied **„Junge, komm bald wieder"** wochenlang Platz eins in den Schlagerparaden. Quinn schlägt sich zuvor lange Zeit als Musiker in einem Wanderzirkus sowie als Schiffsjunge durchs Leben.

E: Am 21. Juni wählt in Rom das Konklave der Kardinäle den Erzbischof von Mailand und früheren Prostaatssekretär, den 66-jährigen Giovanni Battista Montini als **Paul VI.** zum 262. Papst.

Fernsehen im Jahr 1963

1953 nahm der Nordwestdeutsche Rundfunk in Hamburg den Sendebetrieb auf - zunächst für drei Stunden täglich. Schnell entwickelte sich das Fernsehen zum Massenmedium. 1963 gab es schon ein breites Angebot. Wissen Sie noch was 1963 im Fernsehen lief?

1. Welcher TV-Sender ging am 1. April 1963 erstmals auf Sendung?

- **A** ZDF
- **B** RTL
- **C** Arte

2. Wie heißen die Zeichentrickfiguren, die seit 1963 im ZDF zwischen den Werbefilmen zu sehen sind?

- **A** Barbababa
- **B** Mainzelmännchen
- **C** Teletubbies

3. 1963 wurde erstmals ein 18-minütiger Sketch im TV gesendet, der heute noch zu Silvester beliebt ist. Wie heißt der Sketch?

- **A** "Die Nudelkrise" von Loriot
- **B** Dick und Doof im Krankenhaus
- **C** Dinner for one

Auflösung nächste Seite

Fernsehen im Jahr 1963 - Antworten

1. Welcher TV-Sender ging am 1. April 1963 erstmals auf Sendung?

A: Unter dem Motto *„Am Ersten das Zweite"* beginnt das **ZDF** mit der Ausstrahlung eines Konkurrenzprogramms zum (Ersten) Deutschen Fernsehen der ARD. Zuvor hat die neue Fernsehanstalt nachts schon Versuchssendungen über den Sender Feldberg im Taunus ausgestrahlt.

2. Wie heißen die Zeichentrickfiguren, die seit 1963 im ZDF zwischen den Werbefilmen zu sehen sind?

B: 1963 waren die **Mainzelmännchen** erstmals im ZDF zu sehen. Seitdem sind sie dort zuhause und dienen auch heute noch als Werbetrenner und Maskottchen des Senders.

3. 1963 wurde erstmals ein 18-minütiger Sketch im TV gesendet, der heute noch zu Silvester beliebt ist. Wie heißt der Sketch?

C: Ein Butler, eine Lady, viel Alkohol und ein Tigerfell: Das ist **„Dinner for One".** Aufgezeichnet wurde der Sketch im Mai 1963 im legendären Studio B beim NDR in Hamburg. 1972 erstmals zu Silvester gesendet, gehört der Sketch zum Jahreswechsel dazu wie Bleigießen, Sekt und Feuerwerk. Unten Link und QR-Code zur Originalaufnahme aus 1963.

https://bit.ly/dinner-for-one-1963

Das Jahr 1973 mein 20. Geburtstag

Lesen Sie den Text unten über wichtige Ereignisse des Jahres 1973 und ergänzen Sie die leeren Zeilen mit den passenden Worten:

Das Jahr 1973 führt die westlichen Industrienationen von der Hochkonjunktur in eine wirtschaftliche _____-sohle. Die islamischen Staaten schränken ihre ______-lieferungen ein, die ______-preise verdoppeln sich. In den meisten westlichen Ländern wird an mehreren Sonntagen ein Auto-_______ verhängt.

Um ihre Währungen zu stabilisieren lösen sich die EG-Länder vom US-Dollar als Leitwährung und lösen das seit 1944 geltende _________-system ab, das auf der Goldparität beruhte. Die USA ziehen sich aus _______ zurück und US-Präsident Richard M. _______ gerät durch den __________-Skandal immer mehr in den Verdacht der Misswirtschaft. Der Grundlagenvertrag zwischen der BRD und der ______ tritt in Kraft. Er schafft menschliche Erleichterungen. Im September werden beide deutsche Staaten in die __________ aufgenommen. Im Juli tagt erstmals die Konferenz für Sicherheit und Zusammenarbeit in Europa (_____) und schafft den Rahmen für multinationale Entspannungsbemühungen. Die Welt der Kunst beklagt den Tod von ________. Er stirbt im Alter von 91 Jahren auf seinem Altersruhesitz an der Còte d`Azur in Südfrankreich.
(Lösung auf Steite 66)

1973 auf der Leinwand

In Ihrem 20. Geburtsjahr kamen Klassiker und Kuriosiäten in die deutschen Kinos. Erkennen Sie anhand der Bilder die Filme oder die Schauspieler?

Auflösung Seite 66

Bilder zum Jahr 1973

Welche Ereignisse aus 1973 können Sie anhand der Bilder erkennen? *(Lösung auf der nächsten Seite)*

Auflösung Bilder 1973

A: Am 01. Juni 1973 wird in Bergisch Gladbach **Heidi Klum** geboren. Sie startet ihre Karriere im Jahr 1992 mit dem Sieg beim Wettbewerb „Model '92", der in der Late-Night-Show von Thomas Gottschalk veranstaltet wurde.

B: Die Anti-Familienserie **„Ein Herz und eine Seele"** im Dritten Programm des WDR wird ein Riesenerfolg. Alfred Tetzlaff, die Verkörperung des Spießbürgers, wettert gegen „Sozis", Ausländer und den Verfall der guten Sitten. Im Bild: Ekel Alfred (Heinz Schubert, 3. v.l.) mit Schwiegersohn (Diether Krebs), Else (Elisabeth Wiedemann, 2. v. l.) und Tochter (Hildegard Krekel).

C: Am 19. 09. 1973 erfolgt die Krönung des neuen Königs von Schweden, **Karl Gustav XVI.**

D: Am 8. Januar 1973 läuft die erste Folge der Kinderserie **„Sesamstraße"** über den Bildschirm der ARD. Das Original kommt aus den USA, hieß „Sesame Street" und richtete sich an sozial benachteiligte Kinder.

E: Bereits kurz nach seiner Premiere wird der Film **„Der Exorzist"** einer der bisher größten Kinoerfolge. Der Film beschreibt wie die vom Teufel besessene Tochter einer Schauspielerin durch Exorzismus geheilt wird. Regisseur Friedkin inszeniert ein solches Ausmaß von Brutalität und Schockeffekten, dass Psychologen junge Menschen vor dem Besuch des Films warnen.

Kindersendungen 1973

Auch für die Kleinsten gab es 1973 schon Sendungen im deutschen TV. Wissen Sie die richtigen Antworten?

1. Welche bekannte TV-Serie für Vorschulkinder war 1973 erstmals im deutschen Fernsehen zu sehen?

- **A** Tele Tubbies
- **B** Sesamstraße
- **C** Barbababa

2. Zu welcher Zeichentrickserie gehörte der Titelsong: "Wer hat an der Uhr gedreht? ..."

- **A** Sendung mit der Maus
- **B** Der rosarote Panther
- **C** Pippi Langstrumpf

3. Welche beiden Figuren gehörten zur Sesamstraße?

- **A** Susi und Strolch
- **B** Maja und der faule Willi
- **C** Ernie und Bert

Auflösung nächste Seite

Auflösung Kindersendungen

1. Welche bekannte TV-Serie für Vorschulkinder war 1973 erstmals im deutschen Fernsehen zu sehen?

B: Sesamstraße. Die Fernsehserie ist das erfolgreichste Kinderprogramm aller Zeiten. Das Original kam aus den USA, hieß Sesame Street und richtete sich an sozial benachteiligte amerikanische Kinder. Der NDR erkannte das Potenzial der Serie und zog als weltweit erster Co-Produzent mit in die Sesamstraße ein. Die 1. Folge der Sesamstraße (ARD vom 8.1.1973) gibt es unter diesem Link und QR-Code auf Youtube zum Ansehen:

https://bit.ly/sesamstrasse-1

2. Zu welcher Zeichentrickserie gehörte der Titelsong: "Wer hat an der Uhr gedreht? ..."

B: Der rosarote Panther. Im deutschen Sprachraum wird der rosarote Panther oft auch als **Paulchen Panther** bezeichnet. Den Link und QR-Code zum rund 1-minütigen deutschen Originalsong aus 1973 gibt es hier:

https://bit.ly/paulchen-panther

3. Welche beiden Figuren gehörten zur Sesamstraße?

C: Ernie und Bert

Als ich 20 Jahre alt war die Mode 1973

Ergänzen Sie den folgenden Text zur Mode im Jahr 1973 mit den richtigen Worten.

1973 kehrt die Frau wieder zur ________ zurück, nachdem sie Maxi, Midi und Hot _____ bereits ausprobiert hatte. Auch für die Herbst- und Wintermode heißt es: „Man zeigt wieder mehr _____“, wenngleich es keine Superminis mehr sind, sondern die Röcke zehn ______ oberhalb der ____ enden. Sportlich sind minikurze Kilts, zu denen junge Mädchen ____-strümpfe als schick und ______ empfinden. Allerdings wird oft vergeblich geraten, sie nur zu sportlichen Schuhen und nicht zu den beliebten Fesselriemchen Schuhen, hochhackigen ______ und ________-Sandalen zu tragen. Neben dem Mini ist die lange _____ angesagt. Sie sorgt weiterhin für Schlagzeilen, ist sie doch unten stark _______, also mit „Schlag“ gearbeitet. Für Herbst und Winter setzt sich die Farbe __________ durch, die sich gut mit dem klassischen Kamelton kombinieren lässt. Die wichtigste Modephilosophie des Jahres ist Unkompliziertheit. Alles muss ______ sein. *(Lösung Seite 66)*

Das Jahr 1983
mein 30. Geburtstag

1983 wird einerseits bestimmt von der sich weiterdrehenden **Rüstungsspirale** und andererseits dem Erstarken der **Friedensbewegung**. In Deutschland wird die Regierung Helmut Kohl wiedergewählt, in Amerika US-Präsident Ronald Reagan und in Großbritannien die britische Regierung der „eisernen Lady“ Margaret Thatcher.

Die ökologische Bewegung schafft sich mit dem Einzug der **Grünen** ins Parlament erstmals auf bundespolitischer Ebene ein Sprachrohr.

Der Afghanistan-Krieg geht ins vierte Jahr, der **Golfkrieg** ins dritte und die USA besetzen Grenada. In München geht die erste bleifrei Zapfsäule Europas in Betrieb und auf der Nordseeinsel Pellworm wird das größte europäische **Sonnenkraftwerk** eröffnet.

Das Musikalbum **„Thriller“** von Michael Jackson wird zum erfolgreichsten Album aller Zeiten. Der Kinofilm **„Gandhi“** erhält acht Oscars und **„Denver Clan“** flimmert erstmals über die deutschen Bildschirme.

Der amerikansiche **„Aerobic-Hype“** erfasst auch Deutschland. Ende Juni trainieren schon über 1,5 Mio. Deutsche nach dem neuen Bewegungstrend.

Das Jahr 1983 in Worten

Finden Sie die folgenden Wörter zum Jahr 1983 im Buchstabengewirr unten (Leserichtung von oben nach unten und von links nach rechts).

Thriller	Denverclan
Ruestungsspirale	Golfkrieg
Gandhi	Sonnenkraftwerk
Gruene	Friedensbewegung

							D	T	F	B	R	P							
					A	H	C	V	R	V	A	M	G	C					
			F	Q	U	T	X	E	I	Z	T	C	A	N	M	R			
		M	A	R	D	Y	R	J	E	P	L	L	N	Y	K	U	S		
		W	W	W	U	F	X	D	D	G	G	G	D	Z	V	E	X		
	T	L	Q	R	E	F	K	S	E	R	S	M	H	T	R	S	N	Y	
	D	F	D	S	Q	H	I	N	N	U	O	A	I	G	B	T	S	D	
F	T	H	R	I	L	L	E	R	S	E	N	H	T	G	N	U	B	H	Y
T	H	K	R	D	O	A	H	B	B	N	N	Y	B	K	V	N	D	L	I
P	K	Q	N	E	D	S	X	H	E	E	E	B	O	E	Z	G	J	O	U
W	T	R	S	N	W	T	R	S	W	G	N	R	Q	Z	L	S	L	U	Q
W	V	M	Q	V	V	Z	U	N	E	O	K	J	C	J	A	S	H	W	K
U	M	V	Y	E	L	V	F	Y	G	L	R	I	D	D	M	P	Z	P	O
	D	R	S	R	M	G	F	Q	U	F	A	K	P	W	J	I	I	H	
	U	G	N	C	L	O	S	K	N	K	F	Y	D	M	H	R	C	U	
		W	C	L	S	Y	C	N	G	R	T	K	Y	R	W	A	K		
		M	C	A	Z	M	F	F	P	I	W	G	M	I	F	L	J		
			W	N	T	Y	G	V	I	E	E	Y	E	X	R	E			
					V	E	Y	F	B	G	R	K	G	A					
							M	C	H	I	K	G							

Auflösung auf Seite 66

Als ich 30 Jahre alt war die Mode 1983

Lesen Sie den Text zum Modejahr 1983 und ergänzen Sie die fehlenden Worte.

Oversize und breite ______ sind die gemeinsamen Nenner der sehr vielseitigen Mode des Jahres 1983. ______-polster, die große Puffärmel überdimensional erscheinen lassen, haben Hochkonjunktur. Die erwünschte ______-betonung geben bis zu 30 cm breite ______- oder Miedergürtel aus ______. Die Mäntel wirken übergroß und kastig. Der _____-mantel ist Statussymbol, dabei werden Fuchs und _____ bevorzugt.

Schwarz und _____ herrschen in vielen Schattierungen vor. Daneben behauptet sich als Farbe im Sommer _____, beeinflusst durch den „Gandhi-Film". Als Frisur kommen nur _____, wirr toupierte Haare à la Punk in Frage. Ganz Mutige lassen eine _____ blau oder grün einfärben. Dazu ein Herrenhut, wie bei Rocksänger Boy _____, keck in den _____ geschoben. *(Lösung Seite 67)*

Bilder zum Jahr 1983

Erraten Sie, welche Ereignisse des Jahres 1983 die Bilder unten beschreiben? *(Lösung auf der nächsten Seite)*

Auflösung Bilder 1983

A: Die Sängerin und Songwriterin **Amy Jade Winehouse** wird am 16. September 1983 in London geboren. Die extravagante Künstlerin wird einerseits wegen ihres unverwechselbaren Musikstils auf Basis des Souls der Sixties und andererseits wegen ihrer charakteristischen Stimme bekannt.

B: Das Ende 1982 erschienene Album „**Thriller**" von **Michael Jackson** bricht 1983 alle Rekorde. Mit diesem Album wird er zum weltweit kommerziell erfolgreichsten Popsänger der 1980er Jahre.

C: Zu einem Verkaufsschlager modernen Designs entwickelt sich eine Neuheit auf dem Schweizer Uhrenmarkt, die „**Swatch**". Die Verarbeitung eines billigen aber farbenfrohen Kunststoffs für eine Armbanduhr löst einen Boom in der gesamten Uhrenbranche aus.

D: Der US-Kinofilm „**E.T. - Der Außerirdische**" räumt vier Oscars ab und spielt einen Gewinn in Höhe von 187 Mio. USD ein.

E: Am 27. April läuft im Deutschen TV die erste Folge der Serie „**Denver-Clan**". In den USA gibt es die Seifenoper rund um den Ölmillionär Blake Carrington und seine intrigante Familie unter dem Titel „Dynasty" schon seit 1981.

Das Jahr 1983
als Kreuzworträtsel

1. Oscar-Gewinner Film; 2. Geländegängiges Fahrrad; 3. US-TV-Serie; 4. Deutsche Comic-Figur; 5. Verpackungskünstler; 6. Erfolgreichstes Musikalbum aller Zeiten; 7. Nachname deutscher Rockmusiker; 8. Musik-Gymnastik aus USA, 9. Uhren-Neuheit; 10. Nachname erster Deutscher im All; 11. Punkfrisur; 12. Nachname Träger Friedensnobelpreis; 13. Beliebtester Mädchen-Vorname; 14. Chinesisches Sternzeichen; 15. Haupt-darsteller in „Der Name der Rose“ *(Lösung Seite 67)*

Das Jahr 1993
mein 40. Geburtstag

Im September 1993 kommt es zu einem historischen **Händedruck** zwischen **Yitzhak Rabin,** dem israelischen Ministerpräsidenten und **Jasir Arafat,** dem Führer der palästinensischen Befreiungsfront. Das darauffolgende Abkommen gewährt den Palästinensern in den besetzten Gebieten weitgehende Autonomie.

Nelson Mandela und **Frederik Willem de Klerk** werden für ihre Verdienste um die friedliche Beendigung des Apartheid-Regimes in Südafrika mit dem **Friedensnobelpreis** ausgezeichnet.

Das Verfahren gegen **Erich Honecker** wegen der Todesschüsse an der Mauer wird im Januar aus gesundheitlichen Gründen eingestellt.

Mit **Franziska von Almsick** und **Henry Maske** hat Deutschland zwei neue Sporthelden. Die 15-jährige Schwimmerin gewinnt bei den Europameisterschaften sechs Goldmedaillen. Der Profiboxer und „Gentleman im Ring“ holt im März den Weltmeistertitel im Halbschwergewicht.

Zum Wort des Jahres wird gewählt: **Sozialabbau**

Das Jahr 1993 in Worten

1993 ist einiges passiert. Suchen Sie die acht Stichwörter zum Jahr 1993 im Dreieck unten (Leserichtung von oben nach unten und von links nach rechts). *Auflösung auf Seite 67.*

Autonomie
Arafat
Honecker
Sozialabbau
Almsick
Haendedruck
Mandela
Maske

F U
F L
V L M T
B E Z O
I W R O V E
A E G K D S
B A A R A F A T
P U E H C M V R
P M T Z A E A F J Q
U S O C H I N I T S
F U P N B B T D Z A X U
V O C O E R O E A Z R F
G D Q G M N W L L H R Y O I
T F R I I R H H A R K S X L
Z J D X I E A S A L M S I C K E
O B K M B S K H G P A H S R F A
M T E P I V L M A S K E H B A A R R
D V B S O Z I A L A B B A U G T K O
Z S Y Z K A X M H O N E C K E R M C M V
W H Q H A E N D E D R U C K F X J E Q U

Als ich 40 Jahre alt war die Mode 1993

Der Text enthält Infos zur Mode des Jahres 1993. Ergänzen Sie die Lücken mit den passenden Worten:

Die Jugendmode setzt auf Neo-Hippie: Wadenlange Schlabber-Kleider, psychedelische _______, _______- muster und die wiederentdeckten ____________________-sohlenschuhe, sowie ____________ -freie Häkelwestchen, kurze ________ mit überlangen Ärmeln oder weite Hängerchen und _________ -hosen. Diese sind im Gegensatz zu den _____ Jahren Jersey-Leggings. Den 90er Jahren entsprechen Tätowierungen am _______ oder kleine Ringe am _________. Allgemein erweist sich die Jugend als äußerst _________-bewusst.

Wer nicht die Kleidung einer bestimmten, oft teuren ______ trägt, gilt leicht als Außenseiter. Bei fast allen Altersstufen hat sich der sog. ______-look durchgesetzt: „Layering“ ist eine neue Form der altmodischen Schichtkleidung. Layers werden nun so __________ getragen, dass das kürzeste und _______ Teil zuoberst getragen wird. *(Lösung Seite 67)*

Bilder zum Jahr 1993

Können Sie sich noch erinnern, welche Ereignisse aus dem Jahr 1993 hier abgebildet sind?

Lösung auf der nächsten Seite

Auflösung Bilder 1993

A: „Und täglich grüßt das Murmeltier" aus 1993 ist ein Filmklassiker. Eine Komödie, ein Fantasy-Film, eine Romanze und eine moralische Fabel, in der ein zynischer Mann von den Beschränkungen, die sein Leben prägen, am Ende doch erlöst wird.

B: Das Privatleben der britischen Königsfamilie liefert wieder Schlagzeilen. Ein Sprecher des britischen Königshauses teilt mit, dass **Prinz Andrew** und seine Frau **Sarah,** Herzogin von York, nunmehr auch offiziell als getrennt gelten.

C: Am 17. Dezember um 18.20 Uhr ist es soweit. Im Rathaus Leimen, einem 18.000-Seelen-Ort bei Heidelberg fragt Oberbürgermeister Herbert Ehrbar im großen Spiegelsaal, und die Verlobten **Barbara Feltus** (27) und **Boris Becker** (26) antworten: „Ja – ich will."

D: Seinem kinderlos verstorbenen älteren Bruder Baudoin, folgt **König Albert II.** auf den belgischen Thron und leistet am 9. August 1993 den Eid als sechster König der Belgier aus dem Haus Sachsen-Coburg und Gotha.

E: Zum Publikumshit 1993 zählt die von RTL ausgestrahlte Sendung **„Traumhochzeit"** mit **Linda de Mol.** Mit lustigen Heiratsanträgen und romantischen Liebesduetten konkurrieren drei Paare darum, noch in der Sendung heiraten zu dürfen.

Musikszene 1993

1993 brachte viele auch noch heute gern Songs. Wissen Sie noch, was musikalisch angesagt war?

1. Welcher Song war 1993 nicht in den deutschen Charts?

A What is Love, von Haddaway

B Supergirl, von Reamonn

C Living on my own, von Freddie Mercury

2. Welcher Superstar ist 1993 geboren?

A Christina Aquilera

B Cindy Lauper

C Whitney Houston

3. Welches Lied von Eric Clapton wurde 1993 zum besten Song gewählt und mit einem Grammy belohnt?

A Layla

B Tears in heaven

C Wonderful tonight

Lösung auf nächster Seite

Auflösung Musikszene 1993

1. Welcher Song war 1993 nicht in den deutschen Charts?

B: Das Lied **„Supergirl“** von Reamonn stammt nicht aus 1993 sondern aus dem Jahr 2000.

2. Welcher Superstar ist 1993 geboren?

C: Whitney Houston wird am 9. August 1963 in Newark, New Jersey (USA) geboren. *Christina Aguilera* ist am 18. Dezember 1980 und *Cindy Lauper* am 22. Juni 1953 geboren. Der Song *„I will always love you“* ist Whitney Houstons größter Hit und geht 1993 durch die Decke. Er wurde schon über 1,2 Milliarden Mal (!) auf Youtube aufgerufen. Hier der Link und QR-Code dazu:

https://bit.ly/whitney-superhit

3. Welches Lied von Eric Clapton wurde 1993 zum besten Song gewählt und mit einem Grammy belohnt?

B: Sechs Grammys für Eric Clapton. Zum besten Song des Jahres wird Claptons *„Tears in heaven“* gewählt, in dem der Rockstar den Tod seines vierjährigen Sohns verarbeitet. Eric Claptons Album *„Greatest Hits“* aus 2017 ist auf Youtube zu sehen. Hier der QR-Code und Link dazu:

https://bit.ly/eric-clapton-hits

Das Jahr 1993 als Kreuzworträtsel

1. Nachname US-Supermodel; 2. Tierischer Hauptdarsteller in einer US-Komödie; 3. Nachname deutsche Eisschnellläuferin; 4. Modemarke mit provokanter Werbung; 5. Größtes Museum der Welt; 6. Nachname einer Sängerin mit Jahrhundertstimme; 7. Nachname eines Tennisprofi der heiratet; 8. Spitzname deutsche Erfolgs-Schwimmerin; 9. Nachname 6-facher Grammy-Gewinner; 10. Spiel des Jahres; 11. Austragungsort Olympia 2000; 12. Nachname Träger Friedensnobelpreis; 13. Nachname 42. US-Präsident; 14. Beliebtester Mädchenname; 15. Chinesisches Sternzeichen *(Lösung auf Seite 68)*

Das Jahr 2003
mein 50. Geburtstag

Europa rückt weiter zusammen: Im April werden in Athen die Aufnahmeverträge mit den zehn Staaten unterzeichnet, die zum 1. Mai 2004 die **Europäische Union** erweitern.

Der **Supersommer** 2003 bringt aufgrund wochenlang hoher Temperaturen Rekordumsätze bei Eis und Getränken, volle Freibäder und laue Sommernächte in Serie.

Die Fans des Zauberlehrlings **Harry Potter** erfreuen sich an neuen Abenteuern im **„Orden des Phönix"** und die Freunde von **„Der Herr der Ringe"** erfahren endlich, wie sich der Hobbit Frodo im Kampf gegen das Böse schlägt.

Im TV sorgt die Talentshow **„Deutschland sucht den Superstar"** erstmals für Furore. Zudem machen sog. **Ostalgieshows**, in denen der Alltag in der DDR rückblickend gewürdigt wird, von sich reden.

Roger Federer ist der neue Stern am Tennishimmel. Die deutschen Fußballfrauen werden **Fußball-Weltmeister** und Rennfahrer **Michael Schuhmacher** stellt einen Rekord auf: Zum sechsten Mal wird er Weltmeister in der Formel 1 und überholt damit den legendären Juan Manuel Fangio.

Das Jahr 2003 in Worten

In Ihrem 30. Geburtsjahr ist einiges geschehen. Suchen Sie angeführten acht Wörter im Quadrat. (Leserichtungen von oben nach unten und von links nach rechts).

Federer	Schuhmacher
Europa	Potter
Talentshow	Weltmeister
Supersommer	Zauberlehrling

J	Z	K	N	K	B	U	R	U	V	E	X	W	F	E	D	E	R	E	R
O	G	P	K	D	N	U	D	T	B	A	A	E	H	O	R	O	T	Z	L
B	M	M	X	G	B	J	U	V	V	H	V	L	Z	B	B	K	U	M	T
Y	D	H	I	T	Z	C	H	F	V	E	I	T	W	W	C	L	Z	C	I
B	I	U	U	A	T	D	Q	P	P	W	C	M	W	C	L	D	A	L	L
T	R	V	Q	L	J	V	U	M	P	Z	F	E	V	N	L	X	U	J	V
I	Y	D	X	E	I	Z	F	E	J	S	B	I	X	V	P	U	B	Z	W
W	M	N	L	N	H	Z	M	H	Q	U	L	S	L	A	I	C	E	K	L
B	B	Z	B	T	G	R	S	D	K	P	I	T	Y	S	N	Q	R	E	Q
C	S	R	B	S	C	O	I	I	G	E	X	E	J	T	Z	L	L	J	J
R	X	R	Q	H	V	V	U	G	E	R	M	R	B	H	G	A	E	H	A
S	U	N	O	O	M	U	X	V	C	S	Q	T	R	M	Z	D	H	E	G
X	E	E	E	W	L	D	M	X	K	O	O	P	G	B	L	V	R	U	J
Y	C	O	J	O	R	M	B	A	V	M	X	O	B	U	F	M	L	R	Y
I	O	J	K	S	D	U	D	O	K	M	M	T	A	C	U	S	I	O	V
M	S	K	H	L	P	F	F	V	F	E	J	T	G	M	Z	X	N	P	K
Y	A	Z	U	S	H	Y	C	J	D	R	J	E	B	U	U	X	G	A	S
H	Q	R	U	U	Z	M	Q	X	Y	C	O	R	D	X	R	C	A	B	E
V	V	S	P	E	S	C	H	U	H	M	A	C	H	E	R	E	H	X	U
T	A	E	V	Y	W	B	R	P	P	U	S	Q	S	I	D	Z	A	X	H

Auflösung auf Seite 68

Als ich 50 Jahre alt war die Mode 2003

Unten ein Text zur vielseitigen Mode im Jahr 2003. Ergänzen Sie die leeren Zeilen mit den richtigenWorten: *(Lösung Seite 68)*

2003 werden in der Mode unterschiedlichste ________ nach Inspirationen durchforstet und rekultiviert. So finden die ______ mit Kostümen und Mänteln in betont geometrischer Schnittführung wieder Gefallen bei den _______ . Gleichzeitig erleben die _____ Jahre mit maxilangen Mänteln, breiten ______ und Revers, die _____ mit ______ hosen sowie Hahnentritt-, Pepita- und Karo-Mustern ein Comeback. Bei den Accessoires haben breite ______, die lässig auf den Hüften ruhen, das Sagen.

Im Sommer trägt man _____, im Winter Felltaschen, vor allem mit runden Bambus- und _____ griffen wie in den ______ Jahren. Die einst billigen Zehenschlappen, die ______, sind ebenfalls zur Designersache geworden und in allen erdenklichen Farben und _______ auf dem Markt.

Bilder zum Jahr 2003

An welche Ereignisse aus dem Jahr 2003 erinnern die Bilder? *(Lösung auf der nächsten Seite)*

A

B

C

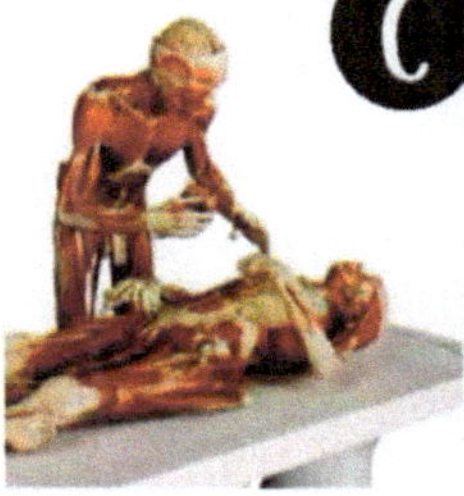

D

E

Auflösung Bilder 2003

A: Im Londoner Portland Hospital bringt das deutsche Top-Model Claudia Schiffer ihren ersten Sohn zur Welt. Der 3.170 g schwere Bub erblickt per Kaiserschnitt das Licht der Welt.

B: Das Buch „Der Alchimist“ von Paulo Coelho kommt auf den deutschen Markt. Das Buch geht 27 Millionen Mal über die Ladentheke und wird in 81 Sprachen übersetzt.

C: Die durchaus umstrittene Leichenausstellung „Körperwelten“ des deutschen Anatomen Gunther von Hagens wird in der Stadt München verboten.

D: Im deutschen TV läuft eine neue Serie: Kiefer Sutherland ist das Gesicht der amerikanischen Serie „24 - Twenty Four“. In den USA erntete die Echtzeit-Serie mit dem pseudo-dokumentarischen Konzept im Jahr 2002 zwei Emmy-Fernsehpreise und einen Golden Globe.

E: 2003 erscheint der erste Teil der Filmreihe „Fluch der Karibik“ in den deutschen Kinos. Die Handlung: Hufschmied Will Turner (Orlando Bloom) liebt seit seiner Kindheit die Gouverneurstochter Elizabeth Swann (Keira Knightley). Als sie von Captain Barbossa (Geoffrey Rush) entführt wird, zögert Will keine Sekunde und startet eine Befreiungsaktion.

Das Jahr 2003 als Kreuzworträtsel

1. Nachname der „Sexiest Woman Alive"; 2. Nachname einer Modeikone; 3. Nachname deutsches Top-Model; 4. Roman von Paul Coelho; 5. Umstrittene Leichenausstellung; 6. Große Tanzveranstaltung in Berlin; 7. Nachname Schauspieler Jack Sparrow; 8. Vorname Jurymitglied DSDS; 9. Sieger Song Contest (Land); 10. Nachname fünffacher Grammy-Gewinnerin; 11. Kultgetränk bei Jugendlichen; 12. Beliebtester Mädchen-Vorname; 13. Wort für chin. „Astronaut"; 14. Vorname 2-facher Echo Gewinner; 15. Chin. Tierkreiszeichen *(Lösung auf Seite 68)*

Das Jahr 2013
mein 60. Geburtstag

Der **Whistle-Blower Edward Snowden** enthüllt geheime Dokumente über Lauschaktionen der US-Geheimdienste auch gegenüber Freunden und Verbündeten. Dieser NSA-Skandal schreckt viele Menschen auf.

Kanzlerin **Angela Merkel** feiert einen Wahlsieg, weil die FDP aber erstmals seit 1949 nicht im Bundestag vertreten ist, muss sie sich zum Regieren einen neuen Partner suchen.

Einen ungewöhnlichen Führungswechsel erlebt die katholische Kirche. **Benedikt XVI.** tritt zurück, ihm folgt ein Argentinier, **Papst Franziskus.**

Ende des Jahres trauert die Welt um **Nelson Mandela,** den Überwinder der Apartheid in Südafrika.

Großbritannien ist im Freudentaumel: Nach zehnstündigen Wehen bringt **Herzogin Catherine von Cambridge** in einem Londoner Krankenhaus einen Sohn zur Welt.

In Berlin eröffnet ein begehbares **Barbie Dreamhouse,** das den Fans des Puppenstars Einblicke in Barbies Welt ermöglicht.

Das Jahr 2013 in Worten

2013 gab es viele bewegende Ereignisse. Suchen Sie die acht Wörter zum Jahr 2013 im Buchstabenkreis (Leserichtung von oben nach unten und von links nach rechts).

Snowden	Whistleblower
Mandela	FDP
Barbie	Franziskus
Catherine	Merkel

E J K J F D

J S U U Z B K R R Y

B P S O E T X V B L N P F B

Y U R V Y C M V M S K C B A U W

D D D W Y L S L O P E D R W G Z

O M O I W A G V P V Y A M B S S N Y

W E P J P F W F A Y M A N D E L A J

Q M R X I A G Q C E K Y M V N P H W M E

Y K K F O S R K G A K X X I B V E N W U

V V E F R A N Z I S K U S M A M Q V G M

Q L L O O N C R A J G W S D R H T E I N

T N Q D U I M I M M P C T X B O V L H I

T M S D V Y F C W L H F D P I S J E A E

L T W H I S T L E B L O W E R Z D H

G X C A Q D K R G K Y I I Z T B V T

V J U S L I G X S N O W D E N R

U X X N X W G W I N I N X B G M

S C A T H E R I N E Y T R H

C N S T C F U X V L

L N A B B G

Auflösung auf Seite 69

Als ich 60 Jahre alt war die Mode 2013

Lesen Sie den Text zur Mode im Jahr 2013 und ergänzen Sie die leeren Zeilen mit den fehlendenWorten. *(Lösung auf Seite 69)*

2003 bestimmen wuchtige Mäntel, breite ______, Tweed- und Anzugstoffe das Bild. Ungeachtet der Bedenken von _______ setzt die Modebranche voll auf _____, ob als Kappe, Besatz oder ganzes Stück. Gern wird Gegensätzliches miteinander _______.

So zeigt Isabel Marant Boots und Nietengürtel zum Flatterkleid und Saint Laurent kombiniert Lederminis mit Glitzernetz-_______. Bei den Farben ist ______ _____ erlaubt, von Blau, Grün, Rot und Gelb bis zu grellen _____-Tönen, aber auch Rosa, gern kombiniert mit Braun oder _____.

Bilder zum Jahr 2013

Können Sie erraten, welche Ereignisse aus dem Jahr 2013 hier abgebildet sind? *(Lösung auf der nächsten Seite)*

Auflösung Bilder 2013

A: Papst Benedikt tritt als Kirchenoberhaupt zurück. Bild: Zwei Tage nach der Ankündigung seines Rücktritts hält er am Aschermittwoch im Petersdom eine Messe.

B: Bild: Beate Zschäpe wird ins Gefängnis geführt. Am 6. Mai beginnt der Prozess um die Verbrechen des „Nationalsozialistischen Untergrunds" (NSU).

C: Bild: Unterstützungsplakat für den früheren US-Geheimdienstmitarbeiter Edward Snowden in der City von Hongkong, der ersten Etappe seiner Flucht. Er hat geheime US-Informationen enthüllt.

D: Bundeskanzlerin Angela Merkel und die Unionsparteien sind die eindeutigen Sieger bei der Bundestagswahl am 22. September.

E: Jubel in Großbritannien. Herzogin Catherine bringt einen Sohn zur Welt. Bild: Kate und William mit dem Neugeborenen beim Verlassen des Londoner Krankenhauses.

Auflösungen

Das Jahr 1953 im Überblick

Straße; sowjetischer; Wohlstand; mehr; besser; Erhard; Kühlschrank; Fischer; Schell; Frankenfeld; Adenauer; Mann; Stalin

Modejahr 1953

Taillen; Kleidern; schmalen; Hüft-; Ärmel; Rock; Hüfte; Ober-;

Buchstabensalat Vornamen

1: Monika; 2: Brigitte; 3: Angelika; 4: Karin; 5: Gabriele; 6: Renate; 7: Birgit; 8: Ursula; 9: Petra; 10: Marion

1953 im Kino - Erkennen Sie die Filme?

A: „Ein Herz und eine Krone“. Filmromanze mit Audrey Hepburn und Gregory Peck in den Hauptrollen.

B: Zeichentrickfilm „Peter Pan“ von Walt Disney

C: „Wie angelt man sich einen Millionär“ Schwungvolle, ironische und erfolgreiche Komödie mit Marylin Monroe.

D: „Don Camillos Rückkehr“ Die Fortsetzung des Komödien-Klassikers „Don Camillo und Peppone“.

E: „Niagara“, ein Thriller von Henry Hathaway mit Marilyn Monroe, Joseph Cotten und Jean Peters.

F: „Blondinen bevorzugt“ mit Marilyn Monroe, basierend auf dem gleichnamigen Musical.

Wortsuche zum Geburtsjahr

Ausweg gesucht

Die Lösungswörter auf dem Weg zum Ausgang sind: Jahrgang 1953

Das Jahr 1963 - mein 10. Geburtstag

Ermordung; Kennedy; Entspannung; Chruschtschow; Berlin; Berliner; Adenauer; Wirtschaftswachstum; Verkürzungen; Erhöhungen; Eiskunstlaufen; Bäumler; Bundesliga; Posträuber

Kinostars 1963

A: Elisabeth Taylor in „Cleopatra“
B: Margaret Rutherford in „Der Wachsblumenstrauß“
C: Audrey Hephurn in „Charade“
D: Sophia Loren in „Yesterday, Tomorrow and Today
E: Brigitte Bardot in „Die Verachtung“
F: Claudia Cardinale in „Achteinhalb“

Als ich 10 Jahre alt war -Mode im Jahr 1963

Pariser; Couture; Modeschöpfer; Taillenlose; Saint Laurent; Bohan; Sackkleider; Accessoirs; Weiß; Perlon; durchlässig; waschen; bügelfrei

1963 als Kreuzworträtsel

1. Onassis; 2. Beatles; 3. Kennedy; 4. Quinn; 5. Lingen; 6. DieVoegel; 7. Bigamie; 8. sechzig; 9. Cleopatra; 10. Soraya; 11. Grass; 12. Warentest; 13. Sabine; 14. Sinatra; 15. Hase

Das Jahr 1973 - mein 20. Geburtstag

Tal-sohle; Erdöl-lieferungen; Heizöl-preise; Auto-Fahrverbot; Weltwährungs-system; Vietnam; Nixon; Wa-tegate-Skandal; DDR; Vereinten Nationen; (KSZE); Pablo Picasso

1973 auf der Leinwand

A: Papillon mit Steve McQueen
B: Schulmädchenreport Teil 5 und Teil 6
C: Ein Käfer auf Extratouren
D: Das fliegende Klassenzimmer mit Joachim Fuchsberger
E: James Bond 007 – Leben und sterben lassen
F: Mein Name ist Nobody mit Terence Hill

Als ich 20 Jahre alt war - die Mode 1973

Minimode; pants; Bein; Knie; bequem; Pumps; Pla-teau; Hose; ausgestellt; Bordeauxrot; kombinierbar

Das Jahr 1983 in Worten

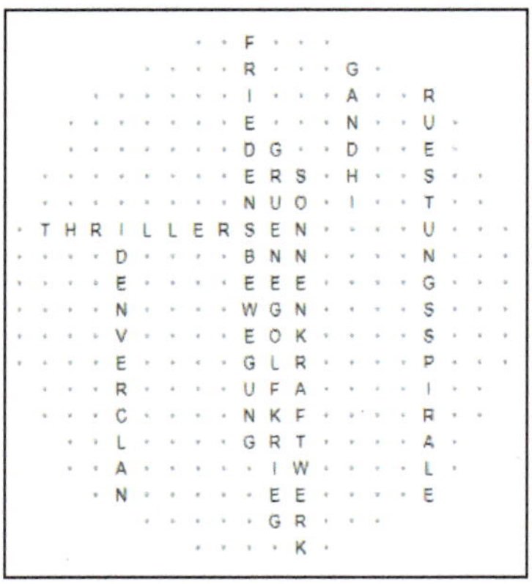

Als ich 30 Jahre alt war - die Mode 1983

Schultern; Schulter; Figur; Nieren; Stretch; Pelz; Nerz; Grau; Weiß; kurze; Strähne; George; Nacken

Das Jahr 1983 als Kreuzworträtsel

1: Gandhi; 2. Mountainbike; 3. Denverclan; 4. Werner; 5. Christo; 6. Thriller; 7. Lindenberg; 8. Aerobic; 9. Swatch; 10. Merbold; 11. Irokese; 12. Walesa; 13. Stefanie; 14. Schwein; 15.Connery

Das Jahr 1993 in Worten

Als ich 40 Jahre alt war - die Mode 1993

Farben; Blumen-; Plateau-; bauchnabel; Pullover; Trompeten-; 70er; Oberarm; Bauchnabel; marken-; Marke; Lagen-; übereinander; engste

Das Jahr 1993 als Kreuzworträtsel

1. Crawford; 2. Murmeltier; 3. Niemann; 4. Benetton; 5. Louvre; 6: Houston; 7. Becker; 8. Franzi; 9. Clapton; 10. Bluff; 11. Syndey; 12. Mandela; 13. Clinton; 14. Lisa; 15. Hahn

Das Jahr 2003 in Worten

Als ich 50 Jahre alt war - die Mode 2003

Jahrzehnte; Sixties; Designern; 70er; Kragen; 80er; Pagen-; Gürtel; Holz-; 1950er; Flip Flops; Mustern;

Das Jahr 2003 als Kreuzworträtsel

1. Berry; 2. Lagerfeld; 3. Schiffer; 4. Alchimist; 5. Koerperwelten; 6. Loveparade; 7. Depp; 8. Dieter; 9. Tuerkei; 10. Jones; 11. Alcopop; 12. Anna; 13. Taikonaut; 14. Herbert; 15. Ziege

Das Jahr 2013 in Worten

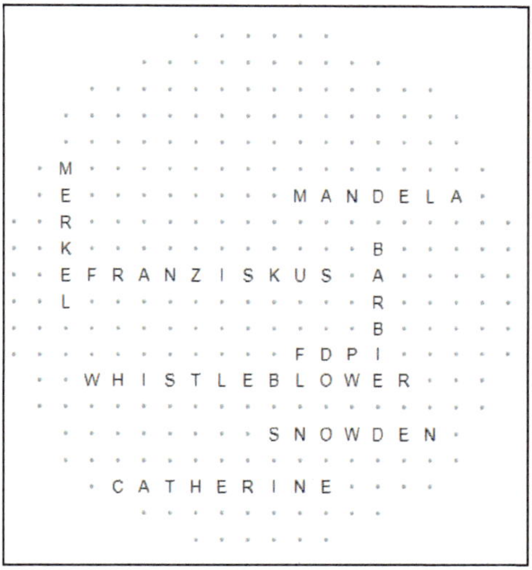

Als ich 60 Jahre alt war - die Mode 2013

Schultern; Tierschützern; Pelz; kombiniert; -
strümpfen; praktisch alles; Neon-; Grau

Bildverzeichnis und Links

alamy; bigstock; canto; gettyimages; okapia; pixxio; pixabay; shutterstock; stokpic. Trotz größter Sorgfalt konnten die Urheber nicht in allen Fällen ermittelt werden. Es wird gegebenenfalls um Mitteilung gebeten.

Wir bitten um Verständnis, dass wir keinen Einfluss darauf haben, wie lange die externen Links (z.B. Youtube-Videos) abrufbar sind. Es besteht keinerlei wirtschaftliche oder sonstige Verbindung zu eventuell eingespielter Werbung vor den Videos. Cartoons: Nadja Kühnlieb

Impressum

Autorin: Nadja Kühnlieb

www.verlagmensch.com / info@verlagmensch.com
Dr. Roman Feßler LL.M.
6900 Bregenz - Österreich, Bregenzer Straße 64
Umschlaggestaltung: Ingeborg Helzle Grafikdesign
Covermotiv: Alamy

1. Auflage 2023

Als weitere Geburtstagsserien für Frauen und Männer sind auch erschienen:

Trends von damals für die Frau von heute

Trends von damals für den Mann von heute

Alle Jahrgänge enthalten Download-Material zum jeweiligen Geburtsjahr.

Alle Geburtstagsbücher sind exklusiv auf Amazon erhältlich.

Psychologische Ratgeber des Verlags

Dr. Beate Guldenschuh-Feßler

Jeden Tag glücklich!

Positive Psychologie für mehr Glück & Lebensfreude

Exklusiv auf Amazon.
Der Link zum Buch:
bit.ly/Jeden-Tag-glücklich

Auf 425 Seiten erhalten Sie 199 Praxistipps und Übungen von der erfahrenen Diplom-Psychologin und Verhaltenstherapeutin zur Erhöhung Ihres persönlichen Glückniveaus.

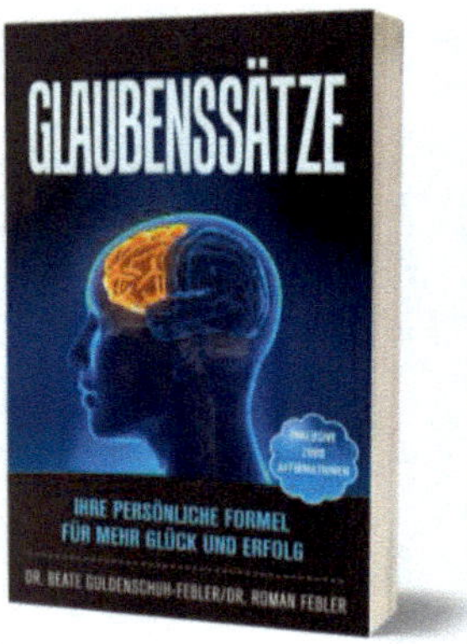

Dr. Beate Guldenschuh-Feßler

Glaubenssätze

Ihre persönliche Formel für mehr Glück und Erfolg. Inklusive 2.000 Affirmationen

Der Link zum Buch:
bit.ly/Buch-Glaubenssätze

Identifizieren Sie Ihre einschränkenden Glaubenssätze und erfahren Sie, wie Sie mit positiven Affirmationen glücklicher und erfolgreicher werden.

Dr. Beate Guldenschuh-Feßler

Das große Tagebuch der Dankbarkeit

Studien beweisen, dass ein Dankbarkeitstagebuch unser Glücksniveau steigern und Geist und Körper positiv beeinflussen kann.

Der Link zum Buch:
bit.ly/dankbares-leben

Neben ausreichend Platz für Ihre Tagebucheintragungen erhalten Sie psychologisches Hintergrundwissen, Tipps und Übungen zum Thema Dankbarkeit.

Dr. Beate Guldenschuh-Feßler

Grimms Märchen für mehr Selbstbewusstsein, Mut & Hilfsbereitschaft

11 Tugenden zur Persönlichkeitsentwicklung psychologisch aufbereitet.

Der Link zum Kinderbuch:
https://amzn.to/3N5GaQh

Vermitteln Sie anhand von Grimms Märchen Werte, die für Kinder von besonderer Bedeutung sind. Mit Ausmalbildern und Hörbuch für Kinder ab 4 Jahren.

Printed in Poland
by Amazon Fulfillment
Poland Sp. z o.o., Wrocław

15543150R00047